Inhalt

Auf nach Italien!

Was soll mir fürder dieser Norden
Mit seinen trivialen Horden?
Was Schönes auch sein Schoß erzeugt, –
Es stirbt verbittert und gebeugt.

Was will die Kunst mit ihrem Buhlen?
Des Wissens eitler Zank in Schulen?
Was soll die Habgier und die Not?
Neun Zehnteil lägen besser tot!

Und dieses Busens letztes Glühen
Soll sich im Stillen hier versprühen?
Hervor mein Stab und Wanderhut,
Es wird noch „alles, alles gut"!

O nimm, du heißgeliebter Süden!
Den Fremdling auf, den Wandermüden!
Erfülle seine Seele ganz
Mit deinem heitern Sonnenglanz!

Lass rings um ihn den Wunderreigen
Der alten Götter leuchtend steigen,
Zeig ihm aus alt- und neuer Zeit
Gestalten voll Unsterblichkeit!

Lass ihn dein Volk, lass deine Frauen
In abendlichem Tanze schauen!
Mit aller Schönheit Zauberwein
Schläfre die bange Seele ein!

So fasste der Schweizer Kulturhistoriker Jacob Burckhardt seine Sehnsucht in Worte, aus dem kalten, unwirtlichen Norden in das südliche, warme Italien zu fliehen. Und er war nicht der einzige, der dem Zauber des lieblichen Landes erlag. Waren die ersten Reisenden noch Pilger, die die Gräber der Apostel Petrus und Paulus in Rom sehen wollten, kamen die Humanisten, um sich durch erhalten gebliebene Schriften und Ruinen ein Bild der Antike zu machen. Im 16. und 17. Jahrhundert bildete eine Italienreise idealerweise den Erziehungsabschluss gut betuchter junger Männer. Im 18. Jahrhundert beeinflusste dann Johann Joachim Winkelmann mit seinem Buch „Geschichte der Kunst des Alterthums" die deutsche Klassik. Deren berühmtester Vertreter – Johann Wolfgang von Goethe – beschrieb in dem Mignon-Lied aus dem Bildungsroman „Wilhelm Meister" seine Italiensehnsucht:

„Kennst du das Land, wo die Zitronen blüh'n,
Im dunklen Laub die Goldorangen glüh'n,
Ein sanfter Wind vom blauen Himmel weht,
Die Myrte still und hoch der Lorbeer steht,
Kennst du es wohl?
Dahin! Dahin!
Möcht' ich mit dir, oh mein Geliebter, zieh'n!"

Vernazza mit seinem malerischen Hafen ist eines der fünf Dörfer der Cinque Terre, die an der grandiosen Steilküste Liguriens liegen. In dem Ort haben sich noch Teile der genuesischen Befestigung erhalten.

Im 19. Jahrhundert war es nicht mehr nur ein Privileg von wenigen zu reisen und so kann man aufgrund der unzähligen Reiseberichte und Bildnisse ermessen, dass Italien langsam zu einer beliebten Destination wurde, die insbesondere die Romantiker durch ihre halb verfallenen Ruinen ansprach. Es gab kaum einen Künstler, der nicht in Italien war: unter anderen Anselm Feuerbach, Ludwig Tieck, Heinrich Heine, Theodor Fontane, Richard Wagner, Friedrich Nietzsche. Und bis heute hat die Anziehungskraft dieses Landes nicht nachgelassen, immer noch zählt der italienische Stiefel zu den Reisezielen Nr. 1, selbst wenn heute vielleicht nicht immer Kunst und Kultur im Vordergrund stehen, sondern durchaus ebenso das „dolce far niente", das „süße Nichtstun", unter südlicher Sonne gepflegt wird.

Genießen auf italienisch

Zudem lockt natürlich auch die Lebensart. Eine Italienreise kann zugleich eine kulinarische Reise sein: Von Region zu Region eröffnen sich immer neue Geschmackserlebnisse. Allein an die 250 verschiedene Pastaarten soll es geben, von den unterschiedlichen Zubereitungsarten noch abgesehen. Und dabei besteht die italienische Küche beileibe nicht nur aus Pizza und Pasta! Genießen wird man die kulinarischen Köstlichkeiten oder aber den berühmten italienischen „caffè" dann womöglich auf der Terrasse eines Restaurants oder vor einer Caffè Bar an einer belebten Piazza. So bekommt man kostenlose Unterhaltung gleich mitgeliefert. Denn die Plätze italienischer Städte und Dörfer sind Freilichtbühnen, auf denen sich die südliche Lebensart entfaltet. Sie gehört wie selbstverständlich zur architektonischen Gestalt der Ortschaften, ist Treffpunkt, ist Wohnzimmer. An einem lauen Sommerabend auf einer Piazza zu sitzen und dem Schauspiel des Lebens zuzusehen – was kann italienischer sein? Hier sieht man und wird gesehen, diskutiert über Menschen und Ereignisse, tauscht Neues und Neuestes aus. Alle dürfen teilhaben: Senioren lamentieren über Gott und die Welt, Kinder spielen bis spät am Abend zwischen den Erwachsenen.

Außerhalb der Städte und Dörfer kommt man in die einzigartige Landschaft Italiens: Von den schneebedeckten Gipfeln der Alpen bis zur Südküste Siziliens mit ihrem afrikanischen Klima erlebt man bizarre Hochgebirgswelten, sanfte Hügel und Ebenen mit Pinien und Zypressen, silbrig flimmernde Olivenhaine und dunkelgrüne Zitronenbäume, aktive Vulkane und idyllische Inseln. Die besondere geografische Form Italiens ermöglicht eine 8600 Kilometer lange Mittelmeerküste entlang des Stiefels, der sich 1200 Kilometer lang streckt. Dramatisch aufragende Felsklippen umschließen herrliche Buchten, lange Sandstrände mit bunten Liegestühlen laden zum Sonnenbaden ein.

Schatzkammer des Abendlandes

Doch was wäre diese Landschaft ohne die unzähligen Zeugnisse der Geschichte, der Kunst und Kultur, die Italien seit jeher zur Schatzkammer des Abendlandes machen.

Südöstlich von Ischia Porto ragt auf einem Felsen das Castello Aragonese aus dem Meer. Ischia ist die größte Insel im Golf von Neapel und wird auch „grüne Insel" genannt.

Schon in der Jungsteinzeit hinterließen Menschen Zeichnungen auf Höhlenwänden wie in der Grotta del Genovese auf der Insel Levanzo und der Addaura-Grotte bei Mondello auf Sizilien. Eine erste „Hochkultur" entstand bei den Etruskern, die ab dem 9. Jahrhundert v. Chr. vor allem im heutigen Latium und der Toskana siedelten. Ihre mächtigen Stadtstaaten schlossen sich um 600 v. Chr. zu dem sogenannten „Zwölfstädtebund" zusammen. Künstlerisch und handwerklich hoch entwickelt, bargen die Etrusker Bodenschätze, bearbeiteten Metalle, legten Sümpfe trocken und bauten bereits Wein an. Zur Konkurrenz und Bedrohung wurden den Etruskern ihre ehemaligen Handelspartner, die Griechen. Diese gründeten seit dem 8. Jahrhundert in Sizilien und Süditalien ihre Kolonien – über 40 griechische Städte entstanden vom 8. bis zum 4. Jahrhundert.
Parallel dazu entsteht eine dritte Macht: Rom. Laut Legende wurde die Stadt im Jahre 753 v. Chr. gegründet von den Söhnen des Kriegsgottes Mars: Romulus und Remus, die von einer Wölfin aufgezogen worden sein sollen. In Wirklichkeit war es wohl eher der Zusammenschluss einiger Siedlungen zu einer Stadtgemeinde um die Wende vom 7. zum 6. Jahrhundert, aus dem sich die spätere Weltmacht entwickelte. Bis 509 v. Chr. regierten etruskische Könige, dann eine Adelsherrschaft, aus der sich die Republik entwickelte. In den nächsten 200 Jahren eroberte Rom fast die gesamte italienische Halbinsel und fasste die italischen Völker zu einer politischen und kulturellen Einheit zusammen. In der folgenden Kaiserzeit, an deren Beginn Julius Cäsar als Diktator auf Lebenszeit steht, erlangt Rom unter Kaiser Augustus die führende Stellung in der antiken Welt und erfährt eine Hoch-Zeit in Literatur und Kunst. Die Macht Roms wird erst durch Kaiser Konstantin gebrochen, der um 330 n. Chr. die Hauptstadt des Reiches nach Byzanz verlegt. Das Weltreich zerfiel in ein oströmisches (Hauptstadt Konstantinopel) und ein weströmisches Reich (Hauptstadt Rom). Bald drangen immer öfter fremde Völker über die Alpen in Italien ein und Westgoten und Vandalen plünderten Rom. 476 schließlich setzte der Germane Odoaker den letzten weströmischen Kaiser Romulus Augustulus ab.

Mittelalterliche Wirren

Es folgte eine Zeit der Fremdherrschaften: Germanen, Ostgoten und Langobarden kämpften um die Vormacht. Die Langobarden eroberten sich große Teile Italiens (hauptsächlich Lombardei, Venetien und Po-Ebene) und verteidigten sie über 200 Jahre lang. Vor diesen flohen die Veneter auf die Laguneninseln und gründeten dort Venedig. Obwohl die Barbaren aus dem Norden zum Christentum übertraten, waren es die Päpste, die ihren Untergang besiegelten: Mit Hilfe einer Urkunde behaupteten sie, dass Kaiser Konstantin Papst Silvester I. die Stadt Rom und das weströmische Reich zum Geschenk gemacht hätte. Unter Berufung auf das Dokument, das später als Fälschung entlarvt wurde, griffen Frankenkönig Pippin und später sein Sohn Karl der Große ein und zwangen die Langobarden zunächst zu Gebietsabtretungen, bevor Karl der Große sie vernichtend schlug.

Direkt ans Wasser wurde der Duomo Vecchio aus dem 12./13. Jahrhundert in Molfetta gebaut. Das Hafenstädtchen liegt nördlich von Bari in der Region Apulien.

Als Dank krönte der Papst dann 800 Karl den Großen zum römischen Kaiser. Damit war das weströmische Kaisertum wieder hergestellt, doch nach dem Tode Karls III. begann die fränkische Herrschaft zu zerfallen. In einer unübersichtlichen Situation aus Anarchie und Auseinandersetzungen rief der Papst wieder einen deutschen König zu Hilfe: Otto I. Doch die Allianz zwischen Kaiser und Kirche litt bald unter den Machtansprüchen beider Parteien. Währenddessen erlebten die Städte in Nord- und Mittelitalien im 11. Jahrhundert einen wirtschaftlichen Aufschwung – der Süden nahm unterdessen eine andere Entwicklung: Auf Sizilien und Teilen des südlichen Festlandes hinterließen ab 800 die Araber ihre Spuren in Kunst und Architektur, Sprache und Küche. Dann kamen die Normannen, die wiederum von den Staufern abgelöst wurden, wobei beide eindrucksvolle Festungen und Kathedralen hinterließen.

Epoche der Kunst und Kultur – die Renaissance

Die stolzen Stadtstaaten mit ihren großen Handelsdynastien waren nun Träger einer Kultur und Kunst, die wegweisend für ganz Europa in Malerei, Bildhauerei und Architektur werden sollte: Italien war Mittelpunkt der Renaissance. Ausgangspunkt und Zentrum dieser um 1350 einsetzenden Epoche war Florenz, das sich von einer Kleinstadt im 11. Jahrhundert zu einer Handels- und Finanzmetropole am Ende des 14. Jahrhunderts entwickelte. Die reichen Kaufleute und Herrscher gaben den Kunstschaffenden dieser Zeit in einem System des Mäzenatentums die Möglichkeit, sich vom Handwerker des Mittelalters, der allein zu Gottes Ruhm arbeitete, zu individuellen Künstlerpersönlichkeiten zu entwickeln. Namen wie Masaccio, Sandro Botticelli, Lorenzo Ghiberti und natürlich Michelangelo Buonarroti sowie Leonardo da Vinci sprechen für sich.

Politische Grundlage für diese kulturelle Blütezeit war die „Lega Nord“, ein Verteidigungsbündnis zwischen Mailand, Florenz und Venedig, das eine Zeit des Friedens schenkte. Außer diesem Bündnis bestimmten zu dieser Zeit der Kirchenstaat des Papstes und die beiden süditalienischen Königreiche Sizilien und Neapel die politische Landschaft Italiens. Das nördliche Bündnis brach jedoch bald wieder, es folgten Invasionen, Bürgerkriege und Revolten. Nach der Schlacht von Marignano 1515 war Italien aufgeteilt in einen französischen Herrschaftsbereich im Norden und einen spanischen im Süden. Dazwischen lagen der Kirchenstaat und andere kleinere Staaten, die ihre Unabhängigkeit bewahren konnten. Nach dem Spanischen Erbfolgekrieg wurden die Besitzungen der vorherrschenden Spanier zwischen den österreichischen Habsburgern und den spanischen Bourbonen aufgeteilt.

„Italien“ entsteht

Die Österreicher vertrieb Napoleon Bonaparte, der 1796 in Italien einmarschierte. Er ließ 1801/02 in den norditalienischen Städten die Italienische Republik ausrufen, die er 1805 in das Königreich Italien, mit sich selbst als König, umwandelte. Nach dem Sturz Napoleons wurde vom Wiener Kongress 1814/15 beschlossen, Italien erneut aufzuteilen. Der Kirchenstaat und die größeren Monarchien Italiens

Oben:
Der Namensgeber hält sein Hauptattribut – den Himmelsschlüssel – fest in der Hand: Der Heilige Petrus auf dem Petersplatz vor dem Petersdom in Rom.

Rechte Seite:
Die Piazza della Signoria in der toskanischen Hauptstadt Florenz ist zugleich ein Freiluftmuseum für bedeutende Skulpturen: Nach der Figurengruppe Herkules und Cacus folgt der berühmte David des Michelangelo, dann der Meeresgott Neptun auf seinem Brunnen.

Seite 18/19:
Als „schönstes Theater der Welt" pries Goethe das antike Theater von Taormina an der Ostküste Siziliens. Die heutigen Überreste des „Teatro Greco" wurden von den Römern im 2. Jahrhundert n. Chr. errichtet.

wurden wieder hergestellt. Dadurch erhielt jedoch die nationale Einigungsbewegung des Risorgimento um Giuseppe Garibaldi größeren Zulauf. Die Ideen der Französischen Revolution wirkten hier fort. Den freiheitlich gesinnten Italienern gelang es, die Österreicher aus Oberitalien zu vertreiben. 1861 nahm Vittorio Emanuele II. von Piemont auf Beschluss des ersten italienischen Parlaments den Titel „König von Italien" an und Turin wurde zunächst Hauptstadt. Aber erst 1870, als die Truppen Viktor Emanuels in Rom einmarschierten und den bis jetzt von Napoleon II. geschützten Kirchenstaat eingliederten, fand der Kampf des Risorgimento ein Ende. Italien wurde eine parlamentarische Demokratie mit König Viktor Emanuel II. als Regierungsoberhaupt. Nach den Wirren der beiden Weltkriege entschieden sich die Italiener für die Staatsform einer parlamentarischen Republik.

Italien ist also seit 1870 eine politische, nationale Einheit. Ganz Italien? Nein – zwei Ausnahmen gibt es: Einmal ist der Vatikanstaat seit 1929, wenn auch innerhalb sehr enger Grenzen, selbstständig. Nur 0,44 Quadratkilometer umschließen die mittelalterlichen Mauern des „Stato della Città del Vaticano" in Rom. Trotzdem findet man hier alles, was einen richtigen Staat ausmacht: eine eigene Hymne, eigene Wappen, Fahnen, Briefmarken und sogar eigene Motive bei den Euro-Münzen. Ein eigenes Autokennzeichen und – relativ gesehen – die größte Streitmacht der Welt – jeder zehnte Einwohner des Vatikans ist Soldat der Schweizergarde – komplettieren den Ministaat mit eigenem Telefonnetz, Postamt, Bank und dem „Radio Vaticano". Zum Zweiten ist San Marino am Ostrand des Apennins zwischen der Emilia-Romagna und den Marken die kleinste und älteste Republik Europas, bestehend aus der gleichnamigen Hauptstadt und acht umliegenden Dörfern – insgesamt 61 Quadratkilometer. Gründer waren laut Legende im 4. Jahrhundert verfolgte Christen aus Dalmatien, unter ihnen ein Steinmetz Namens Marinus. Seit dem 13. Jahrhundert gilt die fast unveränderte Verfassung. San Marino hat ebenfalls eigene Briefmarken und sogar eine Fußballnationalmannschaft.

Als Reiseland lässt Italien kaum einen Wunsch offen: Der Kulturinteressierte findet Monumente aus allen Epochen von der Antike bis zur Neuzeit, erholen kann man sich an den herrlichen Stränden, man genießt Küche und Weine, das wärmere Klima und die offene Freundlichkeit der Italiener tun ein übriges. Man kann heute noch mit Goethe fühlen, der in seiner VII. Römischen Elegie schreibt:

„Oh, wie fühl ich in Rom mich so froh! Gedenk ich der Zeiten,
da mich ein graulicher Tag hinten im Norden umfing,
trübe der Himmel und schwer auf meine Scheitel sich senkte,
farb- und gestaltlos die Welt um den Ermatteten lag,
und ich über mein Ich, des unbefriedigten Geistes
düstere Wege zu spähn, still in Betrachtung versank.
Nun umleuchtet der Glanz des helleren Äthers die Stirne;
Phöbus rufet, der Gott, Formen und Farben hervor."

Von hohen Gipfeln ans blaue Meer – Norditalien

Ganz im Nordwesten des italienischen Stiefels liegt das Aostatal, das sich den Monte Rosa und das Matterhorn mit der Schweiz, den Mont Blanc mit Frankreich teilt. Römische Bauwerke und über 130 Burgen prägen die großartige Hochgebirgslandschaft. Am Fuße der Berge, wie es der Name schon sagt, liegt Piemont, das die westliche Po-Ebene sowie Teile des südlichen Voralpenlands umfasst. Die Seealpen im Nordwesten und der Apennin im Südosten ermöglichen Liguriens mildes Klima. Palmen, romanisch-gotische Kirchen, malerische Fischerdörfer wie die fünf Cinque-Terre-Dörfer und ein gebirgiges Hinterland, das zum Wandern einlädt, machen den Reiz dieses Landstriches aus.

In der Lombardei, dem wirtschaftlichen Kernraum Norditaliens, liegt Mailand, die zweitgrößte Stadt nach Rom. Landschaftlicher Schmuck der Region sind die oberitalienischen Seen Lago Maggiore, Comer See und der südliche Teil des Gardasees. Dessen nördlicher Zipfel liegt im Trentino, wo zahlreiche Burgen und Schlösser sowie die Dolomiten Traumziele bieten. Auch Südtirol wird – genauso wie das Trentino – von Apfel- und Weinanbau, Burgen und Dolomiten geprägt. Zwischen den Dolomiten und den Adria-Badestränden liegt Venetien mit seiner unvergleichlichen Wasserstadt Venedig und Friaul-Julisch Venetien. Die Hauptstadt der Region Friaul, Udine, wird mit ihren Gotik- und Renaissancebauten festländisches Klein-Venedig genannt.

In der Emilia-Romagna, dem Erzeugerland von Parmaschinken und Parmesankäse, gelangt man an den feinsandigen Adriastrand. An der Via Emilia, dem schnurgeraden Heerweg der Römer und im Mittelalter Handelsweg der Kaufleute, liegen klangvolle Städte mit reichen Kunstschätzen: unter anderen Parma, Modena und Bologna. Ravenna bildete im 5. und 6. Jahrhundert die Brücke zwischen Orient und Okzident und erstrahlte lange vor Venedig im byzantinischen Goldglanz der Mosaiken.

Oben:
Das mittelalterliche Bologna, die Hauptstadt der Emilia-Romagna wartet mit kilometerlangen Bogengängen, romantischen Gassen und Plätzen, Palästen und Kirchen, sowie Resten einer Stadtmauer aus dem 13. und 14. Jahrhundert auf.

Links:
Mittelpunkt der Universitätsstadt Pavia ist die Piazza della Vittoria, über der sich der Kuppelbau des Domes erhebt. Die Kuppel ist die drittgrößte Italiens nach dem Petersdom und dem Dom von Florenz.

Seite 22/23:
Die Kapelle St. Johann in Ranui wurde Mitte des 18. Jahrhunderts von Michael von Jenner erbaut. Im Hintergrund erheben sich die wildgezackten Geislerspitzen über dem Villnössertal in Südtirol.

Linke Seite: Die Villa del Balbianello mit ihren beeindruckenden Gartenanlagen liegt auf der Spitze der Halbinsel Lavedo in Lenno am Comer See.

Die romanische Fassade mit Rosette der Kirche San Fedele in Como beherrscht die gleichnamige Piazza. Sie wurde im 12. Jahrhundert auf den Mauern des karolingischen Vorgängerbaus errichtet.

Malerisch erhebt sich die Häuserlandschaft des Örtchens Varenna am Ostufer des Comer Sees, überragt vom hohen Glockenturm der Kirche San Giorgio.

Der Anlegesteg von Stresa, einem Kurort am westlichen Ufer des Lago Maggiore, der wie die anderen oberitalienischen Seen beim Abschmelzen der eiszeitlichen Gletscher entstand.

Herrliche Vegetation bietet der Lago Maggiore hier bei Cannobio am Westufer. Der nördlichste Zipfel des westlichsten der drei großen italienischen Alpenseen gehört allerdings noch zur Schweiz.

Mit seinen Belle-Époque-Villen und Hotelpalästen versprüht Stresa am Lago Maggiore den mondänen Charme der Jahrhundertwende.

Die Isola Bella des Lago Maggiore gehört zu den vier Borromäischen Inseln. Die „Perlen des Lago Maggiore" sind nach einer mailändischen Adelsfamilie benannt, die auf der Isola Bella einen Palast mit prachtvollen Gartenanlagen errichtete.

Linke Seite: Malerisch auf einem Hügel liegt Monforte d'Alba in der Region Piemont im nordwestlichen Teil Italiens.

Aufgrund eines eigentlich unscheinbaren Pilzes ist die mittelalterliche Stadt Alba im Piemont bei allen Feinschmeckern bekannt: Weiße Trüffel werden dort von Oktober bis Dezember zu Höchstpreisen gehandelt.

Weinlese bei Moncalvo im Piemont. Einige der größten Weine Italiens stammen aus dieser Region – darunter die weltbekannten Tropfen Barolo und Barbaresco.

Mit dem Bau des gotischen Duomo Santa Maria Nascente in Mailand wurde im 14. Jahrhundert begonnen, 1572 fand die Weihe statt, fertig gestellt wurde er im 19. Jahrhundert. Der Mailänder Dom ist nach St. Peter in Rom der zweitgrößte Kirchenbau Italiens, über 3000 Statuen schmücken das Bauwerk.

Erholung von einer Stadtbesichtigung findet man zum Beispiel in der Bar Zucca in der Galleria Vittorio Emanuele II, der Einkaufs- und Flaniermeile Mailands, die 1867 eingeweiht wurde.

L'ANCORA

Mittelpunkt der Universitätsstadt Modena ist die Piazza Grande mit dem Duomo San Germiniano, dem hohen Campanile Torre Ghirlandina und dem Palazzo Communale.

Mit Vicenza ist insbesondere der Name des Renaissance-Baumeisters Andrea Palladio verbunden, der hier viele seiner Palazzi schuf – unter anderem den Palazzo della Ragione an der Piazza dell'Erbe.

Hochwasser auf der berühmten Piazza San Marco. Von den Arkaden der Ala Napoleonica, dem 1810 auf Wunsch von Napoleon errichteten Verbindungsbau zwischen den Alten und Neuen Prokuratien, sieht man auf die Basilica di San Marco und den Campanile.

Venezianischer Karneval im Caffè Florian: Als erstes Kaffeehaus der Lagunenstadt öffnete es seine Pforten 1720 noch unter dem Namen „Venezia trionfante".

Im Herzen Italiens – von der Toskana nach Molise

Anmutige Natur mit Pinien, Zypressen und Olivenbäumen sowie die Schönheit ihrer Städte machen die Toskana zu einer Traumlandschaft in der Mitte Italiens. Florenz als Hauptstadt der Toskana stieg im Mittelalter zum geistigen und kulturellen Zentrum Italiens, im 15. und 16. Jahrhundert zum Vorbild für Europa auf. Eingebettet in die toskanische Hügellandschaft zeigen Prato und Pistoia mittelalterliche Bauwerke, Lucca finanzierte aus dem Seidenhandel seine romanischen Kirchen, Pisa ist mit der Piazza dei Miracoli einzigartig, Siena lockt mit dem einmaligen Spektakel des Palio, in San Gimignano erheben sich die Geschlechtertürme bis in den Himmel.

Wie die Toskana gehört Umbrien zum welligen Vorland des Apennin. Perugia, die Hauptstadt, und der Trasimenische See – der größte See der Apenninhalbinsel – liegen in weiten Ebenen. Auf Hügeln thronen kleine Städtchen mit mittelalterlichem Kern: Spello, Montefalco, Spoleto und Orvieto. In Assisi an den Hängen des Monte Subasio wurde der heilige Franziskus geboren.

Von Umbrien, der einzigen Region Italiens ohne Zugang zum Meer, gelangt man in den Marken an die Adriaküste mit der bedeutenden Hafenstadt Ancona und bis in den Apennin, der hier im 2476 Meter hohen Monte Vettore gipfelt. Rau, karg und siedlungsarm sind die Abruzzen, gelegen im mittleren Apennin. Südlich schließt sich Molise an mit seiner reizvollen Bergwelt, wildromantischen Tälern und tiefen Wäldern.

Im Tyrrhenischen Meer liegt Sardinien, die zweitgrößte Insel Italiens. Schroffe gebirgige Landschaften locken ebenso wie traumhafte, felsgesäumte Buchten und lange Sandstrände.

Oben:
Das toskanische Städtchen Pitigliano auf seinem eindrucksvollen Tuffsteinplateau war schon von den Etruskern besiedelt. Später war der Ort Hauptsitz der Adelsfamilie Orsini und wirkt heute noch – auch ohne Stadtmauern – wie eine Festung.

Links:
Volterra ist nicht nur für seine mittelalterliche Atmosphäre und antiken Schätze bekannt, sondern auch für die Kunst der Alabasterverarbeitung.

Seite 48/49:
Sinfonie aus weißem Marmor: Das Bauensemble auf dem Campo dei Miracoli in Pisa. Hauptanziehungspunkt ist der „Schiefe Turm", dessen Abweichung von der Vertikalen im Vergleich zum Dom deutlich wird.

Die Piazza della Repubblica mit ihren Stadtpalästen ist das historische Herz der toskanischen Stadt Cortona, die schon vor den Etruskern bestand und später als Curtuns deren Zwölfstädtebund angehörte.

Dem Grundriss eines römischen Amphitheaters entspricht die heutige Piazza del Mercato in Lucca. Manche der Ladeneingänge zeigen noch Gewölbe der antiken Zuschauerränge.

Seite 52/53: Blick auf Florenz: Eindrucksvoll erhebt sich die Kuppel des Domes über das Häusermeer, links ragt der Turm des Palazzo Vecchio in die Höhe, im Vordergrund spiegelt der Arno die nächtlichen Lichter.

Der Ponte Vecchio in Florenz wurde 1345 an derselben Stelle errichtet, wo schon die Römer an der schmalsten Stelle des Arno eine Brücke hatten bauen lassen. In ihren kleinen Ladengeschäften durften sich nach einem Erlass von Ferdinando I. nur noch Goldschmiede und Juweliere niederlassen, nachdem zuvor Fleischer und Gerber ihre „anrüchigen" Geschäfte auf der „Alten Brücke" betrieben hatten.

Tempel der Kunst: Die U-förmig angelegten Uffizien umschließen die Piazzale degli Uffizi in Florenz. Der von Giorgio Vasari ursprünglich als Verwaltungsgebäude geplante Komplex beherbergt eine der bedeutendsten Kunstsammlungen der Welt.

Im Laufe seiner Geschichte trug der Palazzo Vecchio – das mächtige Rathaus von Florenz – verschiedene Namen: Zuerst hieß er Palazzo Pubblico, dann als Sitz der Stadtregierung: Palazzo della Signoria, Palazzo Duccale wurde er unter den Großherzögen genannt und als diese in ihre neue Residenz, den Palazzo Pitti, umzogen, war er nur noch der „Alte Palast". Rechts daneben war die Loggia dei Lanzi für öffentliche Zeremonien im 14. Jahrhundert erbaut worden.

Der große Ratssaal der Fünfhundert (Sala dei Cinquecento) im Palazzo Vecchio ist prunkvoll ausgestaltet. Die reich verzierte Decke erzählt in 39 Feldern mit allegorischen Darstellungen die Geschichte von Florenz und der Medici.

Inbegriff der Toskana: Zypressen begleiten die Kurven einer schmalen Straße in hügeliger Landschaft bei La Foce.

Toskana zum Träumen: Morgennebel über sanften Hügeln. Bei San Quirico d'Orcia findet sich noch ländliche Abgeschiedenheit.

Delikatessengeschäft in Siena. Die Toskana lockt nicht nur mit unvergleichlichen Kulturgütern, sondern bietet auch dem kulinarischen Genießen die besten Möglichkeiten.

Keinesfalls nur Chianti bringen die zahlreichen Weingüter der Toskana hervor. In der Vinothek L'Incontro in Volterra findet man eine reichliche Auswahl der wohlschmeckenden Tropfen.

Das Zentrum San Gimignanos, die dreieckige Piazza della Cisterna mit dem Brunnen aus dem Jahre 1273, ist umgeben von Geschlechtertürmen und Bürgerhäusern aus dem 13. und 14. Jahrhundert.

Die Piazza Matteotti ist das Zentrum der Weinstadt Greve in Chianti. Den dreieckigen Platz säumen Arkaden, in denen gemütliche Enotecas und Trattorien ihren Platz haben.

Schwindelerregend ist der Blick vom über hundert Meter hohen Torre del Mangia des Palazzo Pubblico auf die muschelförmige Piazza del Campo in Siena. Der Platz liegt im Schnittpunkt der drei schmalen, in Y-Form zusammenhängenden Hügel der Stadt.

Zweimal jährlich, am 2. Juli und 16. August, verwandelt sich die Piazza del Campo von Siena in eine Pferderennbahn, auf der zehn Reiter auf ausgelosten Pferden ohne Sattel für ihre Stadtteile um den Sieg streiten.

Rechte Seite:
Ein Meisterwerk der italienischen Gotik ist die Fassade des Domes Santa Maria Assunta in Siena, beeindruckend der Glockenturm mit seiner schwarzweißen Inkrustation aus der zweiten Hälfte des 13. Jahrhunderts. Mitte des 12. Jahrhunderts begann man mit dem Bau, der 1264 mit der Vierungskuppel zunächst beendet wurde. Eine Erweiterung im 14. Jahrhundert wurde wieder aufgegeben, nur die Außenmauern und ein Teil des Seitenschiffes im rechten Winkel zum bestehenden Dom wurden realisiert.

Ankunftsort der Insel Elba: Portoferraio wurde bereits von den Griechen gegründet und von den Römern sowie Etruskern als Hafen für die Verschiffung von Eisenerz genutzt, was auch der Name „Eisenhafen" bezeugt.

Badefreuden bei Procchio auf Elba, der größten Insel der Toskana. Sandstrände und Felsbuchten, eine zauberhafte Landschaft mit üppiger Vegetation im Landesinneren und malerische Orte machen Elba zu einem sehenswerten Ziel.

Das ehemalige Bergarbeiterdorf Capoliveri liegt auf der Halbinsel Calamita im Südosten Elbas. Calamita bedeutet „Magnet“, denn laut Legende sollen einst die Kompassnadeln der sich nähernden Schiffe verrückt gespielt haben, weil hier soviel Magnetiteisenerz gelagert wurde.

Am Strand von Porto Azzurro im Osten Elbas, das zugleich den zweitgrößten Hafen der Insel stellt. Schon die Schwester Napoleons soll gerne an den idyllischen Stränden Elbas gebadet haben.

Assisi ist die Stadt des heiligen Franziskus und liegt am Hang des Monte Subasio in Umbrien. Wegen ihrer laut Goethe „babylonisch übereinandergetürmten Kirchen, wo der heilige Franziskus wohnt“ war Assisi seit je ein Ziel von Pilgern und Kunstfreunden.

Am höchsten Punkt der mittelalterlichen Stadt Todi in Umbrien liegt die Piazza del Popolo mit dem Palazzo del Popolo und Palazzo dei Priori.

Die Fassade des Doms von Orvieto erstrahlt in schönster italienischer Gotik. An höchster Stelle in der umbrischen Stadt angelegt, arbeiteten von 1290 bis zur Fertigstellung im 17. Jahrhundert zahlreiche namhafte Kunstler am Duomo Santa Maria.

Einen herrlichen Blick über Cagliari bietet die Terrazza Umberto I. Die größte Stadt Sardiniens liegt ganz im Süden an dem gleichnamigen Golf.

Der große Porphyrfelsen bei Arbatax an der Ostküste Sardiniens soll an eine Kathedrale erinnern. Überhaupt wartet die Küste der zweitgrößten Insel Italiens mit traumhaften Stränden und Buchten auf.

Ein bizarres Naturkunstwerk bilden die virtuos geformten Felsen am Capo d'Orso bei Palau auf Sardinien. Je nach Blickwinkel erkennt man die massige Gestalt eines Bären.

Ursprüngliche Landschaft bietet die Umgebung des kleinen Dörfchens Goni in der Provinz Cagliari auf Sardinien.

Von Rom nach Sizilien – der Süden

Das Latium wird beherrscht von einer Stadt: Rom. „Caput mundi", Hauptstadt der Welt, war sie in der Antike bis ins 4. Jahrhundert n. Chr. Sodann mit Unterbrechungen Zentrum der Christenheit, wurde sie später Hauptstadt des Landes. Antike Monumente, Kirchen – allen voran die Peterskirche –, Renaissancepaläste und Barockbrunnen, aber auch Gassen und Plätze im Centro Storico, erholsame Parks wie der der Villa Borghese, oder elegante Einkaufstempel der Via Condotti sind nur Mosaikteilchen einer schillernden Metropole.

Einen „mitten im Paradies aufgetürmten Höllengipfel", nannte Goethe auf seiner Italienreise den Vesuv. Er beherrscht die Ansicht von Neapel, der drittgrößten Stadt Italiens. Die alte Hafen-, Handels- und Hauptstadt der Region Kampanien liegt malerisch am Golf von Neapel zu Füßen des Vulkans, der mit seinem berühmten Ausbruch im Jahre 79 n. Chr. Pompeji und Herculaneum verschüttete. Auf Capri, der berühmtesten der drei Inseln im Golf von Neapel (Capri, Ischia, Procida), suchten schon die römischen Kaiser Erholung.

Absatz und Sporn des italienischen Stiefels nimmt Apulien ein. In der Hauptstadt Bari erbauten Normannen eine Kathedrale für die Reliquien des heiligen Nikolaus, der Stauferkaiser Friedrich II. hinterließ mit dem Castel del Monte, einem rätselhaften achteckigen Bauwerk, eine der schönsten Burgen überhaupt in dem ansonsten von Landwirtschaft geprägten Gebiet. Seltsam muten die archaischen Kegelformen der steinernen Trulli in Alberobello an.

Eine andere ungewöhnliche Wohnform kann man in der Basilikata entdecken: In den Sassi genannten Tuffsteinhöhlen von Matera lebten bis in die jüngste Gegenwart noch Menschen, heute bilden sie eine Museumsstadt. Durch die vom Lukanischen Apennin durchzogene, waldreiche Basilikata gelangt man nach Kalabrien an die Spitze des Stiefels. Hier liegen die antiken Griechenstädte Crotone, Sibari und Locri; tiefblaues Meer an der tyrrhenischen Küste und die waldreichen Berge des Sila- und Aspromonte-Gebirges bieten grandiose Landschaftsaussichten.

Durch die Straße von Messina vom Festland getrennt liegt Sizilien, die größte Insel Italiens, im Mittelmeer. Der Osten der gebirgigen Insel wird beherrscht von dem an die 3350 Meter hohen Berg der Berge, Ätna, und zahlreiche kleinere Inseln umschwimmen das Eiland.

Das Pantheon an der Piazza della Rotonda ist eines der am besten erhaltenen Gebäude der Antike und beeindruckt mit seinen perfekten Proportionen. Die für lange Zeit größte Kuppel der Welt wird nur durch eine Öffnung in deren Mitte erhellt.

Hier schlug das Herz des römischen Weltreiches: das Forum Romanum. Die Ruinen der antiken Prachtbauten zeugen von einer glanzvollen Epoche unter Cäsar und Augustus. Hier war der Ort für Versammlungen, Markt und Gerichtsbarkeit.

Seite 74/75: Der trapezförmige Kapitolsplatz, die Piazza Campidoglio, wurde im 16. Jahrhundert von Michelangelo zu einem der schönsten Renaissanceplätze umgestaltet. Er wird vom Konservatorenpalast, den Kapitolinischen Museen und dem Senatorenpalast umrahmt.

Ein Abend in Rom auf der Piazza Santa Maria in Trastevere. Der Platz im ehemaligen Arbeiter- und Handwerkerviertel liegt an der ältesten Marienkirche Roms. Schon im 4. Jahrhundert stand hier eine frühchristliche Basilika.

Seit 1870 dient der Campo dei Fiori als Blumen- und Wochenmarkt. Im Mittelpunkt des Platzes erinnert ein Denkmal daran, dass hier am 17. Februar 1600 der Dominikanermönch Giordano Bruno auf dem Scheiterhaufen sein Ende fand.

Die halbkreisförmige Piazza Plebiscito in Neapel erinnert mit ihren klassizistischen Arkaden an den Petersplatz in Rom.

Carabinieri auf der Piazza Plebiscito, in deren Platzanlage die Kirche San Francesco di Paola eingeschlossen ist, gestaltet nach dem Vorbild des römischen Pantheons.